Eurydice REINERT Cend

La vie en poésie

(Recueil de poèmes pour petits et grands)

Euryuniverse éditions

© **Euryuniverse**

Dépôt légal :   janvier 2010

EAN : 9782363311214

Site Web : www.euryuniverse.net

Version revue et corrigée en 2017

Sommaire

Mon beau papillon	10
Merci maman	12
Le ballet aérien	15
Le trésor	16
L'Espoir danse	18
Le câlin c'est bien	20
Un peu de lumière	22
Ils disent	27
L'automne	30
L'hiver	32
L'été	36
Harmonie	38
Le navire de la vie	48
J'acclame le jour	50
Beau Ciel	52
Ma joie	56
MAMAN, (Poème pour toutes les mamans du monde)	59
Pour toi, Maman	64
Je n'ai pas le temps	65
Viens, prends ma main	69
Dors, bel enfant, dors !	70
Dors, mon bel enfant, dors	72
Dors, oui bel enfant, dors	73
À Papounet d'amour	74
Chante au vent	77

Souris	80
Joies et peines	82
Marcel	84
Cette flamme est tienne	85
Notre monde !	88
Le grizzli et le griffon	89
Mon enfant	91
Lexique	95

Ami lecteur, amie lectrice,
Futur(e) poète, poétesse ou
Tout simplement amoureux de la vie
De la beauté et de la belle harmonie
dont elle procède,

Je te souhaite de la poésie
Dans chaque instant de vie
Qui te verra frémir de bonheur
Pleurer ou rire de joie,
Quelles que soient tes valeurs, ta foi !

Bien cordialement,
Eurydice Reinert Cend

Mon beau papillon

Un beau papillon bleu prend son envol
Tournoie autour d'un grand feu
Dont les flammes s'affolent
Peut-être en quête d'un aveu !

Beau papillon,
Prends bien garde à tes ailes
Fais donc un peu moins de zèle
Belle chrysalide bien enhardie
Et dis-toi pardi
Que mieux vaut admirer
La belle danse des flammes,
T'invitant à davantage te mirer
Dans leurs doux reflets bleutés
Avec une réserve que rien n'affame,
Que de s'y brûler les ailes, fasciné(e).

Merci maman

Merci maman
Pour le beau regard qui tendrement
Vers des lendemains merveilleux sûrement
Voudrait nous voir tendre résolument !
Merci maman
Pour le sourire qui va droit au cœur
Irradiant avec candeur et douceur
Chaque fibre de notre être d'un pur bonheur !
Merci maman
Pour la main qui apaise et bien souvent rassure
Alors que dans la tourmente le rire nous fait injure
Et que tout nous fait mesurer nos ratures !
Merci maman

Pour tes pensées qui toujours nous accompagnent avec sagesse
Lueurs dans nos obscurs moments de maladresse
Prières sur nos sombres parcours de détresse !
Merci maman
Pour la discrète présence
Qui nous soutient avec belle aisance
Pour nous inviter à prendre plus d'assurance
Quand le doute nous assaillit avec violence
Et voudrait nous noyer dans de vaines substances !

Merci maman
Pour le noble amour que naturellement
Tu nous offres, qu'importent nos carences, assurément,
Dans la beauté du geste qui jamais ne ment

Par la vérité de l'être qui vers le meilleur nous porte infiniment !

Le ballet aérien

Dans le ciel brumeux

Dansent des oiseaux majestueux !

Venus d'ailleurs, ils volent en rangs serrés,

Sans cesse se croisant et s'entrecroisant,

Dessinant de belles figures abstraites,

S'embrassant et se survolant

Par-dessus le lac glacé

En ce matin brumeux d'hiver

Où n'ose se traîner un seul vers.

Ils valsent, tournoient, si légers,

Ces incontestables maîtres des cieux !

Portés par l'hymne indicible des airs,

Ils inspirent la magie du moment

Qui, en mon être, implore un serment !

Le trésor

Une femme prie, de Zeus, la belle Vestale

Qui s'ingénie au cœur du règne végétal

De lui offrir le secret des fées sur un Pétale.

La prêtresse alors mande une précieuse Opale,

Ni trop brillante, ni trop pâle

Qui, de toutes parts, à la vue s'étale

Et prie la dame de la porter à la fée de l'Oural

Qui se trouve plutôt en aval

Afin qu'elle lui livre un beau cheval

Qui dans les yeux tient le grand mistral

Et, dans la bouche, sur un doux pétale,

Le secret qui jamais ne s'avale !

Mais la femme, sous le charme de la belle opale,

N'ira jamais plus loin que ne porte le regard en son val ;

Rentre chez elle puis, sur son sofa, s'affale,

Ne pouvant plus se défaire de ce trésor à présent rival

Du beau secret qu'elle cherchait pourtant matin et soir et croyait sans égal !

Elle sait depuis lors qu'il n'est point besoin d'aller si loin, chacal,

Pour trouver l'objet de ses rêves posé sur un écrin royal !

L'Espoir danse

L'Espoir danse dans tes yeux
émerveillés,
T'éloignant des chaînes du désarroi en
ce jour merveilleux
Où s'effacent les affronts et les peines
de ton cœur à présent joyeux
Pour t'offrir l'illustre présent qui
t'enchante encore à l'issue du rêve
éveillé !

L'Espoir danse dans la lueur qui
illumine les recoins de nos ténèbres,
Rebelle indomptable de nos possibles
occultés, gommés ou simplement
ignorés !

Se rappelant à l'esprit qui brille à la
lueur des leurres qui nous veulent
timorés,

Nous invitant à rompre les liens qui nous chevillent à l'implacable marche funèbre,
Pour enfin naître à la véritable lumière qui ne se voile d'aucun masque et ne joue d'aucun manège !

L'espoir danse et brille dans le rire cristallin
Qui illumine tes rêves et en nourrit mon regard heureux
De te savoir vivant, dans la joie inaltérable de l'instant qui te veut majestueux,
Hors de l'espace et du temps, loin des dérives d'hier, face au merveilleux destin
Qui te porte vers les illustres lendemains,
T'offrant de fabuleux trésors, jusqu'alors, insoupçonnés !

Le câlin c'est bien

Avec maman, un gros câlin
Au petit matin c'est bien.
Quand vient le soir, un câlin
Avec papa c'est aussi bien !
Je m'endors, je me sens bien
Sans savoir pourquoi, ma foi,
Mais je sais qu'avec maman
Ou papa, le câlin c'est un bon moment
De détente et de tendresse
Qui m'emporte avec adresse
Dans le pays des beaux rêves !

Souvent, tout doucement,
Je glisse dans le beau pays des songes,
Je m'envole, je danse, je plonge
Dans mes rêves avec maman
Qui me chante infiniment
Des « je t'aime » que j'aime tant !
Lalalala, lalalala, lalalala, lala

Lalalala, lalalala, lalalala, lala

Je rêve des bons moments
Où je m'amuse vraiment,
Je danse avec les étoiles
Je chante porté(e) sur une toile
Par des oiseaux aux mille couleurs
Qui me murmurent les secrets du bonheur !

Lalalala, lalalala, lalalala, lala
Lalalala, lalalala, lalalala, lala

Je plonge dans les eaux pures de l'océan,
Je brave les flammes du grand volcan
Vulcain, c'est moi en plus grand,
Dans mes beaux rêves au parfum de l'enfance
Où je m'élance en toute confiance
Vers de beaux défis, sûr de ma grande chance !

Un peu de lumière

Un beau lierre
Tout, tout fier
S'élança à l'assaut
D'un grand chêne
En quête de lumière !

Ma douce âme,
Comme ce lierre,
Voudrait d'un bon tuteur
Pour tendre vers le bonheur
Et non de ces beaux parleurs
Qui promettent beaucoup,
Donnent vraiment peu
Et nous prennent tout !

Un peu de lumière
Pour nos nuits spirituelles,
Beaucoup d'ardeur
Pour nourrir nos rêves de vérité

Dans la féconde immensité
Qui dédaigne toute piètre fadeur !

Si le beau lierre ne se targue de nulle fausse pudeur
Et ose braver l'espace pour assouvir ses nobles envies
Pourquoi, humain, t'embarrasses-tu durant ta courte vie
De tant de manières et pourquoi fais-tu tant de bruits
Pour, ma foi, ne recueillir que de fades et si maigres fruits ?

Tends donc infiniment vers le vrai, vers le beau
Et tu n'useras plus en vain un seul sabot
Pour voguer à la sauvegarde de viles causes !
Toi, si beau et si vrai quand enfin tu oses

Être toi, être roi au-dessus des vaines lois
Qui sous de bien futiles jougs te ploient
Et te laissent souvent usé, aux abois !

Viens ! À la source du vrai, avec ou sans soif, bois !
Bois et vis enfin digne, et sens-toi libre
À travers chacune de tes fibres
Qui prend racine pour toujours
Dans l'immatériel ferment de l'amour !

Orchidée

Orphée t'aurait chantée
Reine des bois enchantés,
Celle qui laisse l'âme réjouie
Hors de l'espace, du temps qui fuit,
Inondant nos sens de la belle douceur
Donnée avec une bien naturelle candeur,
Élevant l'être vers les spirituelles hauteurs
Embaumant nos cœurs avec grâce et ferveur !

Ils disent

Oui ! Ils le disent
Que je suis noir
Donc pas comme toi
Pire que le diable
Qui pille les étables
Et s'en va, ricanant !

Oui ! Tu le vois !
Au détail près
Ils nous disent différents
Et séparent Pierre, jean ou Akan !

Mais, le blanc sans le noir
Serait-ce donc possible,
Et, inversement,
Qui donc en serait la cible ?

On se fiche bien
D'être noir ou blanc
Tant que le soleil
Brille haut sur nos rêves !

Les opinions sur commande
Oui, je m'en amende.

Et si, comme moi,
Tu veux avoir le choix
D'être différent,
Non comme ils le demandent
Mais pour aimer, en tout, la vie
Et surseoir aux vaines envies,
Clame avec moi ce beau chant !

Oui ! Porte l'espoir à tous vents,
Par tous temps, pour dire à tous
Que la vie est riche et belle, oui, de nous tous !

L'automne

L'automne habille le paysage
De jaune et d'ocre au passage,
Faisant vivre le végétal qui soudain se débranche
Et fait une pause dans le ballet ondoyant des branches
Qui, à présent, dansent pour oublier le mauvais temps !

L'automne s'impose dans ma tête
Comme un phénomène de longue haleine
Que je voudrais courte quelle que soit ma veine
Pour faire taire les angoisses qui se paient ma tête
Par ce temps souvent gris où la pluie fait sa fête.

L'automne, souvent, pourtant m'émerveille
Par le chant du vent caressant les feuillages au réveil !
Vent du nord soufflant avec adresse
Sur les choses qui se plient à sa rude caresse,
Dénudant plus d'un arbre d'une main bien experte !

L'automne m'offre un bouquet de couleurs et de lumières
Si intenses, si vives et si saisissantes
que j'ose une sainte prière
Pour dire grand Merci à la Vie qui, à travers Mère Nature,
S'offre à nous sans mesure,
Toute en splendeur,
Merveille des merveilles, don pur !

L'hiver

L'hiver me trouve un peu frêle
Au détour d'un automne de grêle

À présent il pleut, il neige, il vente
Et le froid me nargue bien souvent
Avec son lot de souffrances et de tourmentes
Et je me terre, et je médite, dorénavant !

Puis, plus rien de tout cela !
Malgré le froid, le beau temps s'assoit, valeureux,
Et le soleil éclate de ses mille feux, chaleureux !

C'est aussi cela, l'hiver merveilleux
Qui éclate dans le jour lumineux

Annonçant le charme et les chants de Noël
À l'heure où, l'espoir, dans le cœur des enfants irradie et s'éveille !

Le printemps

Le printemps m'invite en chaque instant
À saisir les morceaux de vie qui font envie
Dans le bleu clair du ciel qui rit et ravit
Les êtres en quête de lumière et du beau temps !

L'arc-en-ciel nous invite à de nouveaux festins !
De bon augure, il nous parle du fabuleux destin
Qui nous voit loin du pire, loin des néfastes empires
Qui ailleurs se déchaînent, dit-on, sur les impies !

Mais toi et moi appartenons à la vie
Et célébrons ce noble privilège qui
nous invite à grandir
Dans le partage et dans l'amour qui,
partout, unissent
Les êtres de bien qui, du vrai, toujours
veulent se nourrir !

L'été

L'été m'inspire bien-être et gaieté
Dans la lumière d'un soleil de toute beauté !
Nulle fausseté sous les reflets bleutés
Unissant le ciel à la terre avec habileté
Dans le miroir des ondes qui s'étalent avec fierté,
Zébrées de lueurs qu'on dirait enchantées !
Le chant du merle fait écho à la joie des êtres
Qui enfin célèbrent la vie appelée à renaître
Au détour des saisons, par-delà les moissons,
Dans les cœurs qui chantent à l'unisson
L'espoir de ceux unis dans le beau navire de la vie

Qui s'offre un chemin à travers leurs désirs, leurs rêves !

Harmonie

L'enfant s'émerveille au cœur du règne végétal,
Face à toute cette beauté qui à sa vue s'étale !

Elle court, chante, danse et admire les pétales
Qui volent dans le vent aujourd'hui d'humeur égale !
Ici, rien ne rappelle le souffre et le métal,
Rien ne brise la beauté du chant des cigales !
Dans l'harmonie qui soudain nous embrasse,
La Nature veille à ce que rien ne nous embarrasse.
Le vent vient et nous effleure d'une légère caresse,
Comme s'il voulait nous laver de toute maladresse, de toute détresse !
L'espoir revient au cœur de l'être qui, à présent, renaît
Et s'affranchit de tout ce sur quoi, avant, il se méprenait,

Quand le vert, en nous, étend son empire, souverain,
Et nous place au-dessus de la piètre loi d'airain !

Poétesse, votre altesse !

Poétesse des nuits de détresse,
Je déploie le lit de la tendresse
Pour y coucher mes vers en une tresse
Sur laquelle se chevauchent et se dressent
L'amour et l'espoir qui recherchent avec adresse
Les cœurs marqués par tant et tant de maladresses
Et ceux meurtris par tout ce qui inquiète et blesse !

Battant la mesure sur une note qui vole en caresse,
Je parle à ceux qui jamais ne cessent
De chérir la vie et qui, à elle, renaissent
Malgré tout ce qui afflige et oppresse
Malgré la mort qui sans cesse nous tient en laisse !

Ma plume court, vole, s'accélère ou s'arrête
Au gré du souffle qui porte et emporte l'esprit
Dans une valse qui à mille idées se prête,
Et jamais ne souffre pas de paraître, de certains, incomprise
Car elle s'anime sans fioriture et sans hypocrisie
Dans l'élan sincère qui honore l'amour et la vérité
À travers la beauté des choses imméritées !

Je ne suis qu'une poétesse, votre altesse,
Qui vient noyer l'horreur et la détresse
Ou chanter la beauté et la tendresse
Par des flots de paroles qui courent et caressent

Avec quelque charme et un peu d'adresse
Les sens amortis ou éveillés, peut-être, avec sagesse !

Je te parle

Je te parle
De cœur à cœur,
Écoute sans rancœur !
Mon enfant, je te parle
De ces choses-là
Que sûrement tu vivras
Peut-être différemment !
Je te parle simplement
De ces choses de la vie
Qui font trembler ou sourire,
Pour lesquels il faut malgré tout tenir
Aussi ferme dans la joie que dans la vie
Pour que chante encore en toi la vie
Et que toujours brille pour toi
La belle étoile du bonheur
Que cherchent même les rois,
Celle qui vaut plus que tous les
honneurs !

Mon enfant, écoute et cueille-la,
Cette rose d'aucune faveur
Qu'offre la vie à tous, ici ou là-bas !
Oui ! Prends-la, avec grande ferveur
Et jamais ne laisse l'orgueil la trahir
Si tu veux qu'elle te fasse grandir
Mon enfant, pour fleurir sans faillir
Malgré tout ce que tu vois brandir
Au nom de la liberté ou d'autres idées,
Sans te laisser par elles ni vider ni guider !

Le navire de la vie

Sur le noble navire de la vie
Je sors mes voiles,
Je dessine ma toile
Riche de tous les jours
Qui m'ont vu(e) en pleurs ou réjoui(e),
À l'assaut de l'illustre tour
De la liberté et de l'amour
Au gré du vent, sur la houle du destin
Qui m'aura offert plus d'un festin !

Mes soupirs parfois accrochent la lueur des étoiles
Mandant le sens des secrets qui ne se dévoilent
Qu'à ceux qui, déchus ou perdus dans la belle folie,
Déploient bien des efforts pour de vains colis,

Alors que s'offrent les clés du
millénaire trésor
À leur esprit qui, trop souvent,
s'endort !

J'acclame le jour

J'acclame le jour qui pointe
À la lueur de l'astre de feu qui paraît
Et de ses mille rayons m'effleure !
J'embrasse la nuit qui vient sûrement
Cueillir mes soupirs et désirs fanés
Quand mon âme repue n'est plus si rebelle
et que mon esprit plane au-dessus des vieux rêves
Qui, hier encore, me liaient aux choses vaines !
Je déploie à présent mes ailes
Et, dans l'immensité, à mon aise, je vole
Malgré la force du vent qui me trouve encore frêle !

Je vogue sur les nuées, loin des esprits qui, ailleurs, s'affolent !]
À la lueur de nobles pensées,
Légère, noyée dans la belle liesse
Qui efface toute maladresse, toute détresse,
Je danse et frôle l'horizon linéaire,
Aérienne et profilée,
Tels les majestueux maîtres des airs !

Beau Ciel

Beau ciel aux entrelacs de bleu et de rose,
Lumineux en cet instant qui défie toutes choses,
M'invitant au partage du secret non éclose,
Ton cœur me rappelle celui de la rose,
Belle inaccessible, reine qui au regard s'impose
Dans une rare majesté, invitant à l'osmose
Et des êtres et des choses, pour qui ose
S'en imprégner à s'y perdre, sans autre cause !

Ciel

Paré de belles zébrures mordorées,

Plongeant l'être tout entier dans un beau rêve doré,

Le ciel s'embrase sous l'immense voûte céleste,

Enflamme mon âme qui enfin se délecte,

Et, loin de la matière et de l'intellect,

Se libère et des vaines réalités se déleste !

Je m'abreuve à cette source de beauté

Qui témoigne de l'essentiel, emplie de majesté,

Et me charge du fluide en effusion

Qui ne procède d'aucune confusion

Pour m'offrir ce mystère d'aucune coalition,

Des milliers de fois invoqué et imploré,

Et si rarement livré avec autant de volupté,

S'offrant à moi, pauvre âme, si souvent éplorée !

Ma joie

C'est que tes ailes infiniment se déploient

Pour que de la belle et noble vie qui s'offre à toi

Tu te nourrisses, t'enrichisses et fasses un bel emploi

Sans te soucier des futilités qui t'attachent à un toit

Et t'empêchent de laisser voguer ton esprit avec joie !

C'est de te savoir mûr(e) pour les choix les plus sûrs,

Aux heures les plus crues où tout reste à faire,

Quand le temps nous manque et que nous risquons le parjure,

Qu'à l'horizon, nul ne s'empresse, que rien ne nous éclaire !

C'est de te voir sourire face aux choses les plus simples

Bien que rien ne soit véritablement très simple

Dans une vie aux mille sons, formes et couleurs

Qui s'emmêlent pour aviver ou adoucir nos douleurs,

Nos regrets, nos saveurs, nos désirs ou nos ardeurs !

MAMAN, *(Poème pour toutes les mamans du monde)*

À l'ombre de ton doux regard caressant,

Je me sens le plus beau des enfants,

J'ose mettre mes pas dans ceux des grands

Pour me mirer encore dans tes yeux de diamant !

Merci maman pour tous ces beaux moments

Où tu m'offres l'éternité dans un instant de majesté,

Toi dont la tendresse m'inonde de joie et me comble de fierté !

Merci maman pour la complicité et la délicatesse

Malgré mes oublis et mes dérives qui, parfois, te blessent.

Merci à toi maman, toi qui restes toujours la même,

Reine de douceur qui malgré tout, toujours, m'aime !

Ton sourire lumineux rayonnera toujours et encore

Dans mes moments de doute pour me ramener alors

Vers l'essentiel, avec la certitude de la noblesse de ton amour

Qui jamais ne ment ni ne dort, paré de grâce et de beauté, toujours !

Et parce que des milliers de mercis ne suffiraient pas pour vraiment te dire merci,

Laisse-moi te dire je t'aime à travers ce doux poème

Qu'aujourd'hui tu m'inspires !

Parce que dans mille ans, dans dix-mille ans, où que je sois, tu seras aussi,

Précieuse, bouleversante, majestueuse
Et toute entière, dans ma mémoire alchimique,

Au détour des virages fatidiques, dans mes rêves chimériques,

Lumière parmi les étoiles qui jamais ne s'éteignent, loin des prolifiques galaxies,

Bien à l'abri, dans les recoins immatériels du cœur, que rien jamais n'asphyxie !

Pour toi, Maman

Maman se dit souvent, doucement,

Dans un chant qui tendrement

Monte du cœur aux lèvres, sûrement !

Pour toi, ma douce maman,

Je voudrais toujours tout
dire, joliment !

Malgré les chagrins et les pleurs

Qui parfois nous surprennent,

Je voudrais pour toi toutes les
splendeurs

Et que toujours, en mon cœur, tu sois
reine !

Maman, si douce, si belle

Dans mon cœur parfois rebelle !

Maman, si tendre, si vraie

Toi qui, toujours, m'aimes !

Je n'ai pas le temps

Je n'ai pas le temps !
Non je n'ai plus le temps
De m'embarrasser de chimères
Et de me nourrir des fruits amers
Qu'offrent la détresse et la misère
À nos pauvres âmes qui se trompent de lumière !

Je n'ai pas le temps !
Non je n'ai plus le temps
De fuir encore mes vieux rêves
En attendant que la vie m'offre une trêve
Pour récolter, du bonheur, la précieuse sève
Et baigner mon être dans la lueur !

Je n'ai pas le temps !
Non je n'ai plus le temps,
J'ai à peine le temps de te dire

Oui, je t'aime, le temps d'un poème,
Malgré que nous séparent bien
d'autres thèmes
Et que les regrets et les peines n'osent
se dédire !

Je n'ai pas le temps !
Non je n'ai plus le temps
De te laisser toujours t'en faire
Pour tout ce qui pourrait bien te
déplaire
Et dans l'ennui et dans la haine te
complaire
Pour mieux t'abonner au sulfureux
quotidien de l'enfer !

Je n'ai pas le temps !
Non je n'ai plus le temps !
Le peu de temps qu'il me reste
Ne se réclame d'aucune gloire, d'aucun
test,

Mais voudrait enfin nous savoir, toi et moi, qui que tu sois,
Heureux et sereins, et non aux abois tous les jours, tous les mois !

Je n'ai pas le temps !
Non je n'ai plus le temps
De vouloir marcher sur la Lune
Et te voir t'enfoncer dans l'aride dune
Loin de la prière qui s'offre à toi sans calcul
Et qui te laisse la tendresse et le temps du recul !

Je n'ai pas le temps !
Non je n'ai plus le temps !
Mais je vais prendre le temps
De vivre et d'aimer sans compter
Avant que ne cherche à me dompter
La loi de ceux qui se repaissent de vanité

Et nous veulent, toi et moi, sans aucune fierté
Parce que nous sommes assoiffés de liberté et de vérité !

Je n'ai pas le temps !
Non je n'ai plus le temps, mon frère,
De t'offrir la clé de l'insondable mystère
À toi qui ne te réclames d'aucun gai ministère
Et te fiche pas mal de la belle démarche sincère
Qui te veut, face à la vie, plus amène, moins austère !

J'ai tout juste le temps de te dire je t'aime sur nombre de thèmes
Pour t'offrir un parfum d'éternité malgré ma petitesse sur un simple poème !

Viens, prends ma main

Pour aller un peu plus loin,
Viens, prends ma main,
Saute dans le grand train
Qui nous emmène sur les chemins
De la vie dans un bel entrain !
Viens, prends ma main
Sans attendre demain
Et entre dans la folle danse
Pour mener la belle valse
Qui emporte hors du temporel vase,
Mon ami(e), sur une douce cadence !

Dors, bel enfant, dors !

Dors, bel enfant, dors !

La tête au creux de la tendre épaule qui te porte

Sur un nuage de douceur et de tendresse, vole

Vers le beau pays des rêves, pure merveille !

Approche ta tête, viens plus près

Et écoute par-dessus ton souffle qui court

Celui des anges qui vers toi accourent

Et te chantent l'hymne merveilleux qui rit et vole

Sur les notes du bonheur qui, pour toi, dansent en bon ordre !

Dors, mon bel enfant, dors

Dors mon bel enfant, dors

Sur un lit de tendresse et vole

Vers le pays des merveilles où chantent et dansent

Les fées qui savent tout de toi et enchantent ton enfance.

Mon souffle effleure ta nuque qui doucement s'abandonne

Aux légères caresses que mes mains presque aériennes te donnent

Pour te dire tout l'amour qui dans ce silence béni résonne

À travers les gestes, dans l'instant ému qui, pour nous, frissonne !

Dors, oui bel enfant, dors

Dors, oui bel enfant, dors !

Et emporte au creux de tes rêves mon souffle qui court

Dans tes cheveux telle une brise de douceur qui sur nous glisse,

Légère et précieuse quand la chaleur se fait pesante et forte !

Dors et parle aux anges de ces choses qui t'étonnent,

Des rires cristallins qui sans fin, dans l'instant, te façonnent

De nos regards émus qui se posent sur toi fiers et reconnaissants

Pour le don de toi qui nous laissera toujours bienheureux

Du soir étoilé de nos espoirs au cœur radieux du jour naissant !

À Papounet d'amour

Mon papa si gentil et si fort,

Tu m'accompagnes souvent dans mes efforts

Par tes sourires si doux, si tendres

Que toujours, je voudrais te suspendre.

Avec toi, Papa c'est souvent la fête,

Même si parfois je n'en fais qu'à ma tête.

Papa bisous quand je suis tristou,

Ta main tendue me touche tout plein.

Papa malin, Papa câlin,

Je t'aime plus fort chaque jour !

Papa courage, qui m'invite à être plus sage,

Pour toi je voudrais ne pas compter les âges

Pour que chaque jour soit riche en partage !

Je t'aime, mon Papounet d'amour !

Alexandre, Malaury, Séréna

Chante au vent

Chante au vent la complainte de tous les temps !

Parle aux étoiles des mystères qui éveillent à la vie, l'âme !

Mande au sort les secrets qui de toi se réclament

Si tu veux t'instruire de tout, mûrir et saisir à temps

Les subtiles floraisons de l'univers qui, d'aise, se pâme !

Baigne ton être languissant dans la liqueur évanescente,

Et touche du cœur la belle lueur de la vérité incandescente

Qui s'offre à toi qui n'ignores rien des terribles descentes

Qui font frôler de l'enfer les avides et éternelles flammes !

Jette l'ennui au cœur de la ténébreuse et mystérieuse nuit

Et déploie infiniment tes ailes pour t'élever loin des ennuis,

Dans la joie libératrice qui étreint et emporte les bonnes âmes,

Vers les sphères lumineuses qui inondent de douceur

Et lavent l'être de tout vain regret, de toute rancœur !

Chante au vent la douce complainte de la mer

Qui s'élève au-dessus de la belle clameur

Et emporte le rêve dans les nuées de la douce candeur !

Souris

Souris
Mon chéri, chaque fois que va le temps
Et que la vie de toi fait un battant.

Souris
Chaque fois que brille le soleil
Et que néanmoins je te manque.

Souris
Quand en toi le jour s'éveille
Et que l'être en toi s'élève et chante.

Souris
Quand bien même la distance nous sépare,
Et que ton cœur du bleu de l'absence se pare.

Souris mon chéri, et jamais n'oublie,
Que ta sœur, au loin, dans son cœur t'ennoblit.

Joies et peines

Un peu de joie dans vos cœurs meurtris

Un peu de moi dans vos soifs inassouvies

Sur la toile infinie de la vie

S'ouvrant à nous sur tri.

Un sourire du cœur pour nos jours de tristesse !

Un bouquet de printemps pour nos cœurs en liesse !

Et quand gronde l'orage et que l'univers

Sur nos êtres éphémères se referme,

Une once d'amour pour ceux qui des faits divers

Font l'objet dans nos cités comme dans nos fermes.

Marcel

Miroir, de tous les âges le reflet,
Apaisant mon âme avec ce regard plein de tendresse,
Véritable ressource de Vie, source de Sagesse
Cernant en tout, souvent, le vrai, l'essentiel,
En mon cœur, pour toujours, tu demeures révérenciel,
Être dont l'âme, sans détour, me parle !
Être dont l'âme, du vrai, se vêt
Et sans détour révèle des choses, l'essence !

À Pépé Marcel REINERT

Cette flamme est tienne

Cette flamme dans le regard, l'aurais-tu perdue ma pauvre amie ?
L'aurais-tu perdue au détour du chemin ?
Dis-moi qui donc te l'aurait ravie ?
Dis-moi qui donc, ma pauvre biche, de ta belle flamme, se serait emparé
Pour te laisser si triste, sans plus faim ni soif, si désemparée ?

Je voudrais te la rendre ta belle flamme,
Pour à nouveau te voir sourire
Et que ton visage s'éclaire de ce feu pur dont il faudra bien te nourrir
Pour enfin renaître à la vie !
Reviens donc à la vie, ma chère amie,

Car cette flamme tu l'as encore, tu n'as pu la perdre, ma belle amie,
Elle est enfouie au plus profond de toi,

Seulement cachée par ces blessures
Qui, au passage, te laissent meurtrie,
seule et vidée de toute envie !
Mais non, cette flamme est tienne,
À jamais tienne, quoi qu'il advienne !]
N'en doute jamais et cherche-la par-delà le vide de tous les désespoirs !]

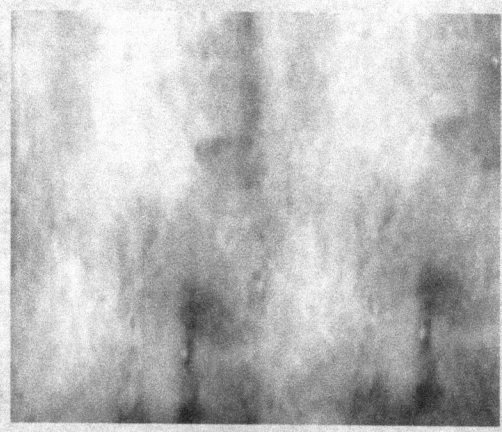

Ta belle flamme, ma belle biche,
Appartient aux cendres chaudes de l'espoir !]
Regarde-moi, essaie de me voir, et tu verras que jamais ne changeront]
Ces choses essentielles au parfum de l'amitié qui rythment la vie !]
Non, elles ne changent pas et, pour toi, toujours, redisent]
Ô combien la vie en toi est précieuse et vaut plus encore
Que tu n'oserais l'imaginer, dans cette pudeur qui, tel un trésor,
Te pare des voiles de candeur, en héritage de cette noblesse
Que tu tiens de la vie, te rappelant à elle, sans fausse promesse !

Notre monde !

Comme il va notre monde
Comme il croit en cette onde
Sans connaître sa destination
Sans aucune vague d'intrusions !
Et comme il rit de son temps,
Il fait revivre d'autres temps !
Se fiant sans cesse aux allusions,
Il n'a de stimulant que l'illusion,
De ces instants si mémorables
Qu'on n'en verra de plus probables.

Le grizzli et le griffon

Un vieux grizzli
Triste à mourir
S'en allait cahin-caha
À travers la toundra !
Un beau griffon,
Bravant le typhon,
Le survola en tournoyant plus d'une fois,
Lui rendant ainsi un bel hommage
Pour les beaux restes qu'au passage,
Il lui laissait, bien souvent, autrefois
Après ses royaux festins !

Notre ours, dans le vent fort et froid du nord,
Se couche soudain dans la danse qui l'honore,
À présent à bout de souffle et bien las !

L'univers retient alors son souffle
Avec le vent qui, soudain, s'essouffle
Rasant le sol, tout bas, tout bas,
Au pied du géant qui s'en va !

Mon enfant

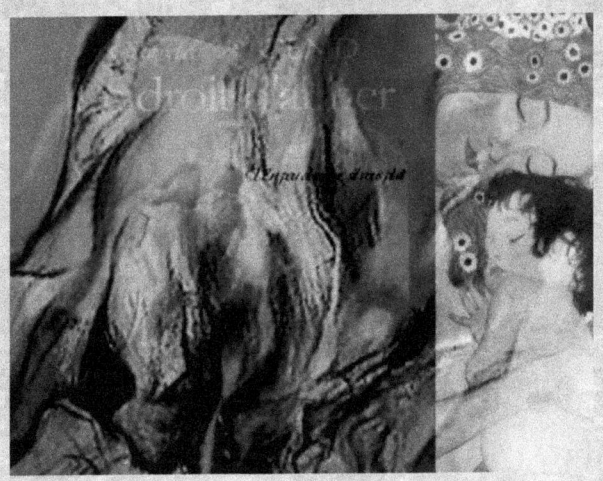

Il faut savoir cueillir le bonheur
Dans chaque instant de valeur
Pour le savourer avec ferveur,
Avec ardeur, de bonne heure !

Le bonheur,
Tu le trouveras dans chaque chose
Qui te fait penser à la noble et belle
rose

Nouvellement éclose dans la douceur de l'aube,
T'offrant ses effluves, ses couleurs d'un jour
Dans le beau chant du matin qui heureux te trouve,
Voulant qu'à ses charmes étales tes sens ne se dérobent !

La douceur te parle souvent du bonheur qui frétille,
Dans la saveur du lait qui caresse tes papilles,
Par la mélodie du chant qui t'emplit de joie,
Dans les yeux de l'ami(e) qui brillent d'ardeur
Face aux rêves qui vous unissent le soir,

À la lueur complice des belles étoiles
Qui soudain se dévoilent et brillent
avec l'espoir
Qui chante et danse dans vos regards
nourris d'un bel élan de vie !

Lexique

Afflige : attriste

En aval : en descendant vers l'embouchure d'un fleuve

Assouvir : satisfaire

Chrysalide : papillon

Ferveur : ardeur

Grizzli : ours gris d'Amérique, de grande taille

Griffon : animal fabuleux doté de la tête et des ailes de aigle ; du corps du lion ; des oreilles du cheval et d'une crête de nageoires de poisson

Liesse : joie incommensurable, inouïe, très forte

Mistral : vent violent et froid

Opale : pierre précieuse

Oural : fleuve se trouvant en Russie

Privilège : bénéfice ou avantage particulier

Ressource de vie : richesse

Temporel vase : la dimension espace-temps

La toundra : immense plaine végétale qu'on trouve dans l'hémisphère nord

Le typhon : ouragan ; vent fort, violent et orageux

Laisser voguer : laisser aller ; laisser s'envoler

Vestale : prêtresse grecque

Zeus : dieu grec à la tête du panthéon, roi des dieux dans la mythologie grecque

Dépôt légal : janvier 2010
EAN : 9782363311214

Site Web :   www.euryuniverse.net

www.ingramcontent.com/pod-product-compliance
Lightning Source LLC
Chambersburg PA
CBHW020948090426
42736CB00010B/1315